LETTRES PATENTES
DU ROI,

POUR la tranſlation & établiſſement, dans le COLLEGE DE LOUIS LE GRAND, du College de Liʒieux, ainſi que des Bourſiers des Colleges de Paris où il ne ſe trouve plus de plein Exercice, & du Tribunal, des Archives, & des Aſſemblées de l'Univerſité de Paris ; Portant Réglement pour leſdits objets.

Données à Verſailles le 21 de Novembre 1763.

A PARIS,

Chez P. G. SIMON, Imprimeur du Parlement, rue de la Harpe, à l'Hercule.

M. DCC. LXIII.

LETTRES PATENTES
DU ROI,

POUR la translation & établissement dans le College de Louis le Grand du College de Lizieux, ainsi que des Boursiers des Colleges de Paris où il ne se trouve plus de plein Exercice, & du Tribunal, des Archives, & des Assemblées de l'Université de Paris ; Portant Réglement pour lesdits objets.

Données à Versailles le 21 de Novembre 1763.

OUIS, PAR LA GRACE DE DIEU, ROI DE FRANCE ET DE NAVARRE, à tous ceux qui ces présentes Lettres verront, SALUT. Lorsque Nous avons fait connoître nos intentions pour la construction de la nouvelle Eglise de Sainte Genevieve, Nous avons permis aux Abbé & Chanoines Réguliers de l'Abbaye Royale de Sainte Genevieve du Mont, de traiter avec les propriétaires de différens terreins nécessaires pour ladite Eglise, & pour les place & abords d'icelle : & comme le College

A ij

de Lizieux s'eft trouvé faire partie defdits terreins , le progrès de la conftruction de ladite Eglife a engagé lefdits Abbé & Chanoines Réguliers à faire , de concert avec les Supérieurs dudit College , les eftimations defdits terreins & bâtimens , & de Nous propofer les arrangemens qui leur ont paru les plus convenables pour remplir l'objet de nofdites intentions , & dédommager en même tems ledit College , dans ces arrangemens , de tout ce qui lui pourroit porter préjudice. C'eft dans cette vûe qu'ils Nous auroient fupplié d'agréer & de munir du Sceau de notre autorité , la tranflation de l'Exercice dudit College dans celui de Louis le Grand , qui n'en eft pas éloigné , & dont le terrein & les bâtimens font originairement deftinés à l'Inftruction publique de la Jeuneffe : mais l'étendue de ces bâtimens , trop grande pour la defferte dudit College de Lizieux , Nous a fait porter nos vûes plus loin , & notre attention pour tout ce qui touche à l'éducation & à l'inftruction de nos Sujets , furtout de ceux dont les facultés ne leur permettent pas de jouir des mêmes avantages que les autres , Nous a fait envifager que rien ne feroit plus utile que de réunir en même tems dans ledit College tous les Bourfiers fondés en différens Colleges de notre bonne Ville de Paris , dont le peu de revenu y a depuis long-tems fait ceffer l'inftruction publique ; en mettant par ce moyen tous lefdits Bourfiers en état de profiter des Exercices publics qui feront faits dans ledit College par ceux qui defferviront le College de Lizieux , Nous les ramenerons à leur premiere inftitution , où ils avoient l'avantage d'être inftruits dans leurs Colleges par des Maîtres de notre Univerfité ; Nous leur procurerons une éducation plus fûre du côté des mœurs & de la difcipline , extrêmement affoiblie par leur partage en différens Colleges ; Nous chargerons notre Univerfité d'y veiller continuellement par un Bureau qui fera compofé de fes principaux Membres ; & par une inftitution fi utile , nous formerons une pépiniere abondante de Maîtres dont notre Etat a befoin , & qui y répandront par-tout cette émulation fi défirable pour l'éducation de nos Sujets ; nous maintiendrons en même-temps avec foin les droits & les intentions des Fondateurs ; & comme nous avons lieu d'efpérer que la bonne adminiftration que nous établirons auffi de tous les biens defdits Colléges , en augmentera le revenu , l'ufage qui en fera fait fuivant les régles que nous prefcrirons à cet égard , ajoutera encore aux droits defdits Fondateurs, en mettant un plus grand nombre d'enfans des pauvres, qu'ils ont eu principalement en vûe, à portée d'en reffentir les effets par l'augmentation defdites Bourfes ; & fi un arrangement auffi favorable, à tous égards, nous oblige de fupprimer des places, qui trop multipliées, ne pouvoient être remplies au gré de nos défirs, le dédommagement que nous procurerons à ceux qui en font actuellement revêtus, fera connoître qu'aucun objet n'a échappé à notre attention & à notre Juftice ; nous nous fommes d'autant plus déterminés à cet arrangement, que nous avons vû par les avis des perfonnes les plus capables de notredite Univerfité, auxquelles notredite Cour de Parlement avoit, fous notre bon plaifir, confié l'examen de cet objet important, qu'elle regardoit cette réunion comme le feul moyen de réformer les abus qui s'étoient gliffés dans lefdits Colléges, & de rendre tant de fondations de Bourfes vraiment utiles à notre Etat : les vûes du bien public qui l'ont feules conduite dans ce projet, nous ont fait reconnoître en elle avec fatisfaction ce même attachement à Nous & au bien de nos Sujets, qui lui a procuré fi juftement le titre honorable de notre Fille aînée, & c'eft pour lui témoigner de plus en plus notre affection, que nous avons cru ne pouvoir faire un meilleur ufage du furplus des bâtimens du Collége de Louis le Grand, que de lui permettre d'y tenir fon Tribunal & fes Affemblées, & d'y dépofer fes Archives, même d'y donner des logemens, autant que faire fe pourra, à quelques-uns de fes Profeffeurs Emérites, afin que leur repos même puiffe être utile audit College, & que tout concourre à faire de cet établiffement, comme une efpece de barriere infurmontable à toutes les attaques que la corruption des mœurs, l'affoibliffement de la Difcipline, les faux principes, ou les mauvaifes Etudes pourroient lui livrer : nous n'oublierons pas en même tems les foins que nous avons pris jufqu'ici, à l'exemple du feu Roi notre tréshonoré Seigneur & Bifayeul, pour élever de jeunes Etrangers des Pays les plus éloignés, qui puiffent être utiles à nos Sujets, après qu'ils y feront retournés, & nous leur conferverons dans ledit College, & à nos frais, l'éducation & le logement qu'ils y ont eu par le paffé. Nous efperons que l'exemple d'une fi bonne & fi fage adminiftration mettra notredite Univerfité, ainfi que notredite Cour de Parlement, en état de completer nos vûes pour le bien de l'éducation, en nous propofant inceſſamment les plans les plus convenables pour parvenir à la réformation ou à la plus grande perfection des Colleges de plein Exercice de notredite Univerſité, & même de tout notre Royaume; & nous confirmerons à un College de cette Univerſité, qui étant déclaré être de fondation Royale, doit devenir l'exemple de tous les autres, toutes les prérogatives attachées à une qualité ſi honorable, & tous les droits qui lui avoient été accordés par les Lettres Patentes du mois de Juin 1682, ſauf à faire connoître par la ſuite plus particulierement nos intentions ſur ce qui concerne les unions de Bénéfices qui y avoient été faites. A CES CAUSES, & autres à ce nous mouvant, de l'avis de notre Conſeil & de certaine ſcience, pleine puiſſance, & autorité Royale, nous avons ordonné, & par ces Préſentes ſignées de notre main, ordonnons, voulons & nous plaît ce qui ſuit :

ARTICLE PREMIER.

LES terreins & bâtimens du College de Lizieux ſeront employés à la conſtruction de la nouvelle Egliſe de Sainte Genevieve & dépendances, ainſi qu'à la place & aux rues néceſſaires pour y aborder, ou à tels autres objets d'utilité publique que nous jugerons à propos d'ordonner.

I I.

IL ſera payé aux Adminiſtrateurs dudit Collége ſur les deniers deſtinés à la conſtruction de ladite Egliſe, la ſomme de trois cens ſoixante-douze mille trois cens quinze livres, ſuivant l'eſtimation faite à dire d'Experts, de la valeur des Terreins & Bâtimens occupés par ledit Collége; & en outre une ſomme de vingt-huit mille livres que Nous avons accordée auxdits Adminiſtrateurs pour toutes prétentions ſans exception; au moyen de quoi voulons que toutes conteſtations nées ou à naître pour raiſon deſdites prétentions, demeurent éteintes & aſſoupies.

I I I.

LES ſommes portées par l'Article précédent, ſeront payées auxdits Adminiſtrateurs dans les temps qui ſeront par Nous reglés, avec les intérêts à cinq pour cent juſqu'au parfait payement; leſquels intérêts commenceront à courir au premier Janvier prochain, & diminueront au fur & à meſure du payement de chacun deſdits termes.

I V.

Il sera fait emploi desdites sommes au profit dudit Collége, en rentes sur Nous, sur le Clergé ou sur les Pays d'Etat, & même, s'il y échet, en biens fonds jusqu'à concurrence de ladite somme de trois cent soixante-douze mille trois cent quinze livres seulement, à l'effet de quoi avons dérogé & dérogeons à notre Edit du mois d'Août 1749.

V.

Les frais de Contrats, d'Adjudications, de Decrets volontaires, les Droits Seigneuriaux, les indemnités ou autres frais quelconques qui seroient à faire pour raison de l'emploi porté par l'Article précédent, seront pris sur les deniers portés par l'Article II. des Présentes, en telle sorte que ledit emploi puisse être fait en entier & sans aucune déduction des deux sommes portées par ledit Article. Faisons au surplus don audit Collége de tous les droits Seigneuriaux, d'Amortissement, de Centieme denier, ou autres sans exception qui pourroient Nous être dûs pour raison dudit emploi.

V I.

L'Instruction publique qui se faisoit dans ledit Collége, sera & demeurera à perpétuité transférée dans le College de Louis-le-Grand, situé dans la rue Saint Jacques de notre bonne Ville de Paris ; à l'effet de quoi il y sera donné aussi à perpétuité, aux Principaux, Professeurs, Régens & autres Officiers & Domestiques employés à la desserte dudit College, les Cours & Logemens qui seront à ce nécessaires, principalement dans la grande Cour du College de Louis-le-Grand ; & tous les frais de ladite translation seront payés des deniers portés par ledit Article II ; le tout en la forme & maniere qui sera réglée par notre Cour de Parlement.

V I I.

Les biens temporels dudit College de Lisieux continueront d'être régis & administrés, ainsi qu'ils ont été par le passé. Voulons que l'Evêque de Lisieux, & l'Abbé de Fécamp, Supérieurs dudit College, continuent pareillement d'y jouir à perpétuité de tous les droits &

honneurs dont ils ont joui, ou dû jouir jufqu'à préfent en ladite qualité; comme auffi que toutes les fondations faites dans ledit College, foient acquittées déformais dans la Chapelle de Louis-le-Grand, qui fervira de Chapelle au Collége de Lifieux.

V I I I.

LES Bourfiers des Colleges de notre bonne Ville de Paris, dans lefquels il n'y a plus de plein Exercice, à l'exception feulement de ceux des Lombards & des Ecoffois, à la réunion defquels il fera furcis jufqu'à ce qu'il en ait été par Nous autrement ordonné en la forme ordinaire, feront & demeureront à l'avenir & à perpétuité, réunis dans ledit College de Louis-le-Grand, pour y être élevés dans la Religion Catholique, Apoftolique & Romaine, inftitués aux Sciences & bonnes Lettres, & formés aux Maximes de notre Royaume, fous les Maîtres particuliers qui leur feront donnés; & lefdits Bourfiers feront tenus de fuivre les Leçons publiques faites dans ledit College, par ceux qui defferviront le College de Lifieux.

I X.

IL fera affigné dans ledit Collége auxdits Bourfiers les cours & lieux qui leur feront néceffaires pour y loger avec les Officiers qui leur feront prépofés, & les grands Bourfiers étudians en Théologie, ou autres Facultés fupérieures, y feront, autant que faire fe pourra, placés dans un bâtiment à part & féparé de celui des autres Bourfiers.

X.

VOULONS toutefois qu'il foit délibéré par le Bureau d'Adminiftration, qui fera ci-après établi, fur ce qui concernera ceux defdits Bourfiers dont les Bourfes ne fuffiront pas, quant-à-préfent, pour pouvoir être nourris & logés dans le Collége, & dont les parens ne feroient pas en état de fournir le fupplément à ce néceffaire; & que ceux defdits Bourfiers qui ne pourroient être admis dans ledit Collége, foient tenus de fe retirer dans celui defdits Colléges de non plein Exercice, qui aura été à ce deftiné par notredite Cour de Parlement; & feront les uns & les autres également obligés de fuivre les Leçons publiques dudit Collége de Lizieux,

XI.

X I.

LESDITS Bourſiers réunis feront fous la conduite d'un Supérieur Général ou Principal, qui, vacance avenant de la Principalité du Collége de Lizieux, fera en même tems Principal dudit Collége de Lizieux & de Louis le Grand.

X I I.

. OUTRE ledit Principal, lefdits Grands Bourſiers feront fous l'infpection d'un Maître ou Supérieur Particulier, qui veillera à leur conduite & à leurs études ; & à l'égard des Bourſiers Humaniſtes ou Philofophes, ils feront fous la conduite & direction de Maîtres Particuliers, qui, autant que faire fe pourra, feront diftribués fuivant l'ordre des Claſſes.

X I I I.

LEDIT Principal veillera au maintien de la difcipline, des Etudes & des Mœurs defdits Bourſiers, tant dans ledit Collége, que dans celui où feront réunis ceux dont le revenu ne feroit pas fuffifant pour être admis, quant-à-préfent, dans ledit Collége de Louis le Grand.

X I V.

TOUT ce qui concerne la Difcipline & les Etudes dudit Collége, fera difcuté & reglé dans un Bureau compofé du Recteur de notre Univerfité de Paris ; de cinq Profeſſeurs Emérites de notredite Univerfité, auxquels il fera affigné un logement dans ledit Collége par des Commiſſaires de notre Parlement ; du Syndic de notredite Univerfité, & du Principal dudit Collége. Voulons néanmoins, & fans tirer à conféquence, que lefdites places foient remplies, quant à préfent, par ceux qui ont été nommés par notredite Cour, pour l'examen de tout ce qui concernoit la réunion defdits Bourſiers.

X V.

LEDIT Bureau s'affemblera dans une des falles dudit Collége à ce deftinée, quinzaine après la défignation qui en aura été faite, & enfuite deux fois par mois, ou même plus fouvent, en cas que les affaires le requierent.

B

X V I.

LE Recteur de notredite Univerſité y préſidera, & en ſon abſence le plus ancien deſdits Profeſſeurs Emérites : la ſéance y ſera réglée entre leſdits Profeſſeurs Emérites ſuivant leur ancienneté, & les délibérations y feront priſes à la pluralité des ſuffrages, & tranſcrites par celui dudit Bureau qui aura été par lui nommé pour faire les fonctions de Secrétaire, ſur un regiſtre paraphé par premiere & derniere par le Recteur de notredite Univerſité, & ſignées par tous ceux qui y auront aſſiſté ; voulons qu'en cas de partage, la délibération ſoit arrêtée ſuivant l'avis de celui qui aura préſidé audit Bureau.

X V I I.

EN cas de vacance de la place de Principal, il ſera remplacé par délibération du Bureau d'Adminiſtration qui ſera ci-après établi ; & à l'égard des autres places du Bureau de Diſcipline, il y ſera pourvû par délibération dudit Bureau de Diſcipline lorſqu'elles viendront à vaquer.

X V I I I.

IL ſera choiſi & nommé par ledit Bureau de Diſcipline, un de ceux dont il ſera compoſé, pour veiller avec ledit Principal, au maintien de la police intérieure dudit Collége, à l'effet d'être, ſur le rapport de l'un ou de l'autre, pourvû par délibération dudit Bureau, ce qu'il appartiendra.

X I X.

EN cas de vacance deſdits Profeſſeurs & Regens, ils ſeront remplacés par ledit Principal, de l'agrément toutefois dudit Bureau de Diſcipline.

X X.

LES Sous-Principaux, Maîtres & Sous-Maîtres de Quartier, les Supérieurs des grands Bourſiers, & autres perſonnes néceſſaires pour la deſſerte dudit Collége, ſeront choiſis par ledit Principal ſeul, ſauf audit Bureau à exiger de lui d'en choiſir d'autres, par des motifs qui ſeront diſcutés en ſa préſence,

XXI.

LES contestations qui pourroient survenir entre lesdits Principal, Sous-Principal, Supérieurs, Professeurs, Régens, ou autres Personnes qui desserviroient ledit Collége, seront réglées par délibération dudit Bureau.

XXII.

IL sera dressé incessamment par ledit Bureau les Réglemens de Discipline qu'il jugera les plus convenables pour le bien de l'Etude, de la Religion, & des mœurs, pour former des Maîtres capables d'élever la Jeunesse de notre Royaume, & pour entretenir le bon ordre & la police la plus exacte dans ledit Collége ; même pour destituer desdites Bourses ceux qui n'ayant pu être corrigés, troubleroient la discipline du Collége, à la charge toutefois de conserver les droits des Fondateurs & Supérieurs Majeurs desdits Colléges de non plein Exercice, & ne pourront lesdites destitutions être ordonnées que par des délibérations passées à la pluralité des deux tiers des voix.

XXIII.

TOUS les biens, sans exception, qui ont été donnés ou ont appartenu jusqu'à présent auxdits Colléges où il n'y avoit point de plein Exercice, ainsi que ceux, qui aux termes de nos Lettres Patentes du 14 Juin dernier, faisoient partie des biens du Collége de Louis le Grand, seront régis & administrés par un Grand-Maître des Boursiers, auquel il sera assigné un logement dans ledit Collége, en la forme qui sera ci-après prescrite.

XXIV.

VOULONS que pour veiller avec l'attention la plus exacte à la régie & administration du temporel de tous lesdits Colléges, il soit, indépendamment du Bureau d'Etudes & de Discipline ci-dessus ordonné, formé un Bureau particulier, lequel sera composé de notre Grand Aumônier qui y présidera, de quatre Officiers de notredite Cour de Parlement, d'un Substitut de notre Procureur Général, de quatre notables Personnes de notre bonne Ville de Paris, & du Grand-Maître desdits Boursiers.

XXV.

LESDITS quatre Officiers de notre Cour de Parlement feront commis en la forme ordinaire fur la requête de notre Procureur Général ; le Subftitut fera nommé par notredit Procureur Général, & les quatre Notables & le Grand-Maître des Bourfiers feront choifis par ledit Bureau d'Adminiftration : Voulons que lefdits Notables & Grand - Maître foient tenus de prêter ferment en la Grand'Chambre de notre Cour de Parlement, en la même forme que les Adminiftrateurs des Hôpitaux de notre bonne Ville de Paris, avant qu'ils puiffent prendre féance dans ledit Bureau.

XXVI.

ET néanmoins pour que l'affemblée & les opérations dudit Bureau ne puiffent être retardées, avons nommé & nommons dès-à-préfent, & pour cette fois feulement, notre très-cher & bien amé Coufin Charles-Antoine de la Roche-Aymont, Archevêque de Reims, premier Duc & Pair de France, & Grand Aumônier de France, les Sieurs Jofeph - Marie Terray, Barthelemy - Gabriel Rolland, Pierre-Philippes Rouffel de la Tour, & Clément-Charles-François Del'Averdy, Officiers de notre Parlement, & le Sieur Sainfray, Subftitut de notre Procureur Général, lefquels procéderont, lors de leur premiere Affemblée, à la nomination defdits quatre Notables, & du Grand-Maître. Voulons que tous ceux qui compoferont ledit Bureau y prennent féance dans l'ordre porté par l'article ci-deffus, & par le préfent ; & que les Officiers de notredite Cour & le Subftitut de notre Procureur Général ne puiffent y refter, que tant & fi long-tems qu'ils feront Titulaires de leurs Offices.

XXVII.

LES difpofitions des Articles XV & XVI ci-deffus, feront exécutées au fujet des Affemblées & Délibérations dudit Bureau, à l'exception feulement que le paraphe du Regiftre des Délibérations fera fait par le plus ancien des Officiers de notre Cour de Parlement qui en feront partie, & que lefdites Délibérations feront infcrites fur ledit Regiftre, par le Secrétaire nommé par ledit Bureau.

X X V I I I.

LES Titres, Regiſtres, & tous les Papiers ſans exception appartenans à chacun deſdits Colléges, feront repréſentés dans un mois aü plûtard, à compter du jour de l'enregiſtrement des Préſentes, par les Principaux, Procureurs, Chapelains & Bourſiers d'iceux, aux Commiſſaires nommés par notredite Cour de Parlement, avec un état ou bref inventaire deſdits Titres, Regiſtres & Papiers, & un état du mobilier deſdits Colléges ; & ils feront tenus de ſe purger par ſerment pardevant leſdits Commiſſaires, qu'ils n'en retiennent aucun, directement ou indirectement, & n'ont point connoiſſance qu'il en ait été détourné aucun.

X X I X.

LESDITS Regiſtres, Titres & Papiers, comme auſſi les Mémoires remis aux ſix anciens Recteurs de notredite Univerſité de Paris, ainſi que les Mémoires & avis par eux donnés au ſujet deſdits Colleges occupés par leſdits Bourſiers, & dépoſés au Greffe de notredite Cour de Parlement, en feront retirés par le Secretaire dudit Bureau d'Adminiſtration, & le tout ſera remis en ordre, tant par ledit Secrétaire, que par le Grand-Maître deſdits Bourſiers, pour être placé dans les Armoires qui feront pratiquées dans le lieu qui ſera à ce deſtiné, dans lequel feront pareillement placés les Titres, Regiſtres, & Papiers du Bureau de Diſcipline ci-deſſus ordonné, ſans qu'aucune de toutes leſdites pieces puiſſe être déplacée, ſi ce n'eſt ſur un Récepiſſé donné par celui à qui elles auront été confiées.

X X X.

IL ſera fait inceſſamment par ledit Bureau d'Adminiſtration, tels Réglemens qu'il aviſera bon être, ſoit pour la régie des biens de chacun deſdits Colleges, dont la recette & la dépenſe formera un compte ſéparé, en telle ſorte que leurs créances & leurs dettes ne puiſſent être confondues, ſoit pour la forme dans laquelle leſdits comptes feront rendus & arrêtés tant pour le paſſé que pour l'avenir, ſoit pour l'emploi du Reliquat deſdits comptes ſi aucun y a, en augmentation des Bourſes fondées dans chacun deſdits Colleges, ſoit pour déterminer ce qui ſera fait des terreins & bâtimens des Colleges dont les Bourſiers auront été réunis dans celui de Louis le Grand ; ſoit en général pour établir dans l'adminiſtration deſdits biens, la forme la meilleure & la plus avantageuſe que faire ſe pourra ; le tout néanmoins ſans porter préjudice aux droits de nomination accordés aux Supérieurs majeurs, ou à autres par les Fondations, ou à tels autres droits qu'ils pourroient avoir en ce qui concerne l'adminiſtration du Temporel de chacun deſdits Colleges.

X X X I.

TOUT ce qui concerne la fixation & reglement des Penſions deſdits Bourſiers réunis, ainſi que leur nourriture, ſera pareillement réglé par ledit Bureau, ſuivant ce qui ſera jugé leur être le plus avantageux.

X X X I I.

LES honoraires du Principal, du Grand Maître des Bourſiers, des Commis qui ſeront jugés lui être neceſſaires, du Secretaire dudit Bureau, de l'Econome chargé de la nourriture deſdits Bourſiers, du Supérieur des grands Bourſiers & des Maîtres de Quartier des Bourſiers Humaniſtes & Philoſophes ; comme auſſi les réparations & reconſtructions qui ſeroient à faire dans les biens deſdits Colleges & dans les Bâtimens de celui de Louis-le-Grand qui leur auront été affectés ; & en général tout ce qui concernera le temporel deſdits Bourſiers, ſera pareillement traité, délibéré & réglé par ledit Bureau d'Adminiſtration.

X X X I I I.

LES Baux à ferme ou à loyer, les acquiſitions ou les ventes de biens, les emprunts & les rembourſemens ſeront auſſi réglés par ledit Bureau, & leſdites ventes y ſeront faites au plus offrant & dernier Enchériſſeur, après trois publications faites par affiches, de quinzaine en quinzaine, ſans toute fois qu'il puiſſe être fait aucuns emprunts ni aliénations, ni même aucunes acquiſitions, qu'il n'en ait été délibéré à la pluralité des deux tiers des voix.

X X X I V.

LES Actes délibérés en la forme portée par l'Article précédent, feront paffés au nom de ceux defdits Bourfiers réunis qu'ils concerneront, & fignés feulement par deux defdits Adminiftrateurs, qui feront nommés à cet effet par la délibération qui aura donné lieu auxdits Actes.

X X X V.

IL ne pourra être entrepris aucun Procès, ni interjetté aucun appel au nom defdits Colleges & defdits Bourfiers, fi ce n'eft en vertu d'une délibération expreffe dudit Bureau, formée à la pluralité des deux tiers des voix; & s'il a été jugé néceffaire d'intenter ou de pourfuivre quelqu'action en Juftice réglée, la procédure fera faite fous le nom dudit Grand Maître, & de ceux des Bourfiers réunis que ladite action concernera.

X X X V I.

LES conteftations qui pourront s'élever, foit en demandant, foit en défendant, par rapport aux biens des Colleges defdits Bourfiers, ou à l'exécution des fondations faites en iceux, feront portées en premiere inftance pardevant le Prevôt de notre bonne Ville de Paris, Juge-Confervateur des Privileges de notredite Univerfité, & par appel en la Grand'Chambre de notredite Cour de Parlement, fans qu'elles puiffent être portées ailleurs, nonobftant tous droits de *committimus*, de garde - gardienne, ou toute attribution qui en auroit été faite à d'autres Juges: Voulons qu'elles foient jugées tant au Châtelet qu'en notredite Grand'Chambre, à l'audience, ou fur délibéré, fans qu'elles puiffent être appointées, fi ce n'eft en cas de partage d'opinions; & à l'égard des conteftations qui fe feroient élevées avant la publication & enregiftrement des Préfentes, & qui feroient pendantes ailleurs qu'en notredit Châtelet, nous les avons évoquées & évoquons, & renvoyées & renvoyons en notredite Grand'Chambre pour y être jugées en premiere & derniere inftance fuivant les derniers erremens, fans qu'aucuns autres Juges puiffent en prendre connoiffance.

XXXVII.

LESDITS Bourfiers feront transférés dans ledit Collège aux jours qui feront indiqués par Ordonnances des Commiffaires de notre Cour de Parlement, & les places de Principaux & Procureurs des Colleges dont lefdits Bourfiers fortiront, feront & demeureront fupprimées, à compter du jour de leur fortie : voulons néanmoins qu'il leur foit confervé leur vie durant, telle fomme qui fera reglée par la Grand'Chambre de notredite Cour fur l'avis du Bureau d'Adminiftration ; laquelle leur fera payée annuellement par le Receveur dudit Bureau, jufqu'à ce qu'ils ayent été pourvûs de quelques autres places qui les mettent à portée de s'en paffer : défendons au furplus de remplacer ceux d'entre eux qui décéderoient, ou fe demettroient avant ladite fuppreffion.

XXXVIII.

LES fondations bien & dûement établies dans lefdits Colléges, & qui étoient acquittées dans les Chapelles d'iceux, feront acquittées à l'avenir dans la Chapelle dudit Collége de Louis le Grand, fuivant l'ordre qui fera réglé par ledit Bureau d'Adminiftration, lequel pourra conferver, s'il y échet, les Aumôniers defdits Colléges dont le fervice feroit jugé néceffaire, fauf à être autrement par lui pourvû, après leur décès, à l'acquit defdites fondations ; & en cas qu'il fe trouvât dans lefdits Colléges des Chapelains fondés en titre de Bénéfice, ils feront tenus de remplir leurs fonctions dans ledit Collége de Louis le Grand, toutes formalités requifes préalablement obfervées, & il leur fera affigné un logement dans ledit Collége, s'ils en doivent avoir un par le titre de leur fondation.

XXXIX.

LES Enfans nés dans le Levant, & connus fous le nom des Enfans des Langues, qui ont été jufqu'à préfent élevés, entretenus & inftruits à nos dépens dans ledit Collége, continueront d'y être élevés & inftruits comme par le paffé, & feront logés dans les lieux qui leur auront été affignés dans les bâtimens occupés par ledit Collége de Lizieux.

XL.

X L.

LE Tribunal de notredite Univerſité ſera tenu dorénavant dans ledit Collége, ainſi que les Aſſemblées des quatre Nations de la Fa-
culté des Arts, & celle de chacune deſdites quatre Nations, les Archives & Greſſe de notredite Univerſité y ſeront pareillement placés, & le Greffier de notredite Univerſité aura un logement près
d'icelles; voulons que la Chapelle dudit Collége ſerve auſſi à l'uſage
de notredite Univerſité.

X L I.

LE ſurplus des bâtimens dudit Collége, ſi aucun y a, ſera employé
à loger des Profeſſeurs Emérites de notredite Univerſité, ſuivant qu'il
aura été réglé par délibération dudit Bureau d'Adminiſtration.

X L I I.

ET pour être procédé à la diſtribution de tous les bâtimens & terreins dudit Collége, voulons qu'il ſoit commis & député par notredite Cour de Parlement, tel nombre de Commiſſaires qu'elle aviſera,
à l'effet d'être par eux, viſite préalablement faite par un ſeul Expert
nommé d'office, s'ils le jugent néceſſaire, de tous leſdits terreins
& bâtimens, aſſigné & marqué ſur le plan dudit Collége, les cours &
bâtimens qui ſeront affectés à la deſſerte du Collége de Liſieux; ceux
qui ſeront affectés auxdits Bourſiers, Supérieurs, Maîtres ou Domeſ-
tiques; ceux qui ſeront deſtinés auxdits Ecoliers du Levant; ceux
dans leſquels notredite Univerſité & ſes Facultés pourront tenir leurs
Aſſemblées, & où leurs Archives & Greſſe pourront être placés;
ceux où ſe tiendront les Bureaux ci-deſſus ordonnés; ainſi que ceux
qui pourront être occupés par les Profeſſeurs Emérites; dont & de
tout quoi il ſera dreſſé Procès-verbal par leſdits Commiſſaires, auquel
ledit plan, dûement paraphé, ſera & demeurera annexé, & ſera en-
fin, ou dans le cours d'icelui, donné par eux telles Ordonnances qu'il
appartiendra, pour la tranſlation des perſonnes ſuſdites dans ledit
Collége, laquelle tranſlation ſera faite le plutôt qu'il ſe pourra, &
au plûtard pour la rentrée prochaine des Claſſes. Voulons que la
minute du Procès-verbal & plan y annexé ſoient dépoſés au Greſſe

de notredite Cour , & une expédition d'iceux aux Archives dudit Collége.

X L I I I.

L'ENTRETIEN defdits Bâtimens , les réparations groffes , menues & locatives , & tous les changemens ou améliorations qui fe trouveront à y faire , feront à la charge des Adminiftrateurs du Collége de Lizieux , defdits Bourfiers & de notredite Univerfité , chacun à proportion du terrein qui leur aura été accordé par ledit procèsverbal.

X L I V.

LES délibérations mentionnées dans les Articles XVII, XIX , XXXI, XXXII & XXXIII ci-deffus , concernant la nomination des Principal , Profeffeurs & Régens ; la fixation de la penfion des Bourfiers ; les honoraires du Principal , du Grand - Maître defdits Bourfiers & de leurs Supérieurs & Maîtres ; les reconftructions à faire aux biens defdits Colléges ; les ventes & aliénations defdits biens , ou les emprunts qu'il y auroit à faire , ainfi que les Réglemens portés par les Articles XXII & XXX de nos préfentes Lettres , feront homologués en notre Grand'Chambre de notredite Cour de Parlement , fur la feule Requête de notre Procureur Général , & fans frais.

X L V.

VOULONS au furplus que ledit Collége continue de jouir fous le titre de Collége de Louis-le-Grand , de toutes les prérogatives de Collége de fondation Royale , & de tous les autres priviléges & exemptions portés par les Lettres Patentes du mois de Novembre 1682, fans toutefois porter atteinte au titre du Collége de Lifieux qui demeurera confervé ; Nous réfervant de faire connoître par la fuite plus particulierement nos intentions fur ce qui concerne les unions des bénéfices faites audit Collége , lefquels Bénéfices continueront d'être par provifion régis & adminiftrés en la forme prefcrite par nos Lettres Patentes du deux Février dernier.

X L V I.

FAISONS au furplus par ces Préfentes , auxdits Bourfiers, pleine &

entiere remife & don de tous Droits d'Amortiſſemens ou autres qui pourroient Nous être dûs, tant à l'occaſion de lad. tranſlation, que pour l'emploi qui pourroit avoir été ou être fait des Bâtimens appartenans auxdits Colléges, ainſi que pour la location d'iceux. Et feront nos Préfentes Lettres exécutées ſelon leur forme & teneur, nonobſtant tous Edits, Déclarations, Lettres, Statuts, Arrêts, uſages & toutes choſes à ce contraires, auxquels Nous avons dérogé & dérogeons entant que de befoin par ces Préfentes. Si DONNONS EN MANDEMENT à nos amés & féaux Conſeillers les Gens tenans notre Cour de Parlement à Paris, que ces Préfentes ils ayent à faire regiſtrer, & le contenu en icelles exécuter felon fa forme & teneur. CAR tel eſt notre plaifir; en témoin de quoi Nous avons fait mettre notre ſcel à cefdites Préfentes. DONNÉ à Verſailles le vingt-uniéme jour de Novembre, l'an de grace mil ſept cent foixante-trois, & de notre Regne le quarante-neuviéme. *Signé*, LOUIS; *Et plus bas*, par le Roi, PHELYPEAUX; & ſcellées du grand Sceau de cire jaune.

Regiſtrées, oui ce requérant le Procureur Général du Roi, pour être exécutées ſelon leur forme & teneur; & ſeront les Procès-verbaux mentionnés auxdites Lettres Patentes, faits en préfence de l'un des Subſtituts du Procureur Général du Roi, pardevant les Commiſſaires de la Cour nommés par l'Art. XXVI. defdites Lettres, le tout par continuation des Procès-verbaux par eux encommencés, en exécution de l'Arrét de la Cour du ſept Septembre mil ſept cent foixante-deux, à l'effet de quoi leſdits Commiſſaires pourront ſe tranſporter pour l'exécution defdites Lettres Patentes partout où befoin ſera; dans le cours defquels Procès - verbaux leſdits Commiſſaires rendront telles Ordonnances qu'il appartiendra, leſquelles feront exécutées par proviſion, nonobſtant & fans préjudice de l'appel; & copies collationnées envoyées tant à l'Univerſité de Paris, pour y être regiſtrées, qu'aux Bailliages & Sénéchauſſées du Reſſort, pour y être lues, publiées & regiſtrées; enjoint aux Subſtituts du

Procureur Général du Roi d'y tenir la main, & d'en certifier la Cour dans le mois, suivant l'Arrêt de ce jour. A Paris en Parlement, toutes les Chambres assemblées, le vingt-cinq Novembre mil sept cent soixante-trois.

Signé, *DUFRANC.*